Inhalt

Nachhaltigkeit in Unternehmen - es geht nicht mehr ohne

Kernthesen

Beitrag

Fallbeispiele

Weiterführende Literatur

Impressum

Nachhaltigkeit in Unternehmen - es geht nicht mehr ohne

M. Dengl

Kernthesen

- Trotz oder gerade auch wegen der Wirtschaftskrise setzen immer mehr Unternehmen auf Nachhaltigkeit.
- Gesellschaftliche Unternehmensverantwortung wird in Firmen vermehrt als Beitrag zur Sicherung der Zukunftsfähigkeit angesehen.
- Dies umso mehr, als das Thema Nachhaltigkeit auch für Anleger immer wichtiger wird.
- Langfristig sind nachhaltig wirtschaftende Unternehmen erfolgreicher.

Beitrag

Nachhaltigkeit - eine erfolgreiche Unternehmensstrategie

Inzwischen ist das Thema Nachhaltigkeit nicht mehr als "Ökothema" verschrien, es hat sich zu einem zentralen unternehmenspolitischen Thema entwickelt. Mehr und mehr Unternehmen sind dabei, für sich sinnvolle Nachhaltigkeitsstrategien zu entwickeln. Dabei gibt es keine eindeutige Antwort auf die Frage, wo Nachhaltigkeit beginnt und wo sie aufhört. Sie umfasst neben dem Umweltgedanken auch Sozialstandards, Transparenz (Corporate Governance) und gute Unternehmensführung.

Aber wie sieht eine erfolgreiche Nachhaltigkeitsstrategie aus?
Wichtig ist vor allem, dass die Unternehmen die Nachhaltigkeit im Tagesgeschäft umsetzen. Und Nachhaltigkeit muss für alle Bereiche gelten, egal ob Einkauf oder Logistik. Sie gilt eigentlich auch für alle Geschäftspartner. Gegebenenfalls muss dies sogar entsprechend kontrolliert werden. Nachhaltigkeit in einer Firma wirklich durchzusetzen, ist ein immerwährender Prozess. Nur wer eine langfristige,

unternehmensspezifische Strategie dazu entwickelt, wird auch nachhaltige Ergebnisse erzielen. Diese Strategie muss dann natürlich nicht nur dem Geschäftspartner erklärt werden, sondern insbesondere auch den eigenen Mitarbeitern. Nur wenn alle Seiten davon überzeugt sind, können Nachhaltigkeitsziele überhaupt erreicht werden. (1) , (9)

Nachhaltigkeit - eine zukunftssichere Notwendigkeit

Tausende Unternehmen setzen bereits strategisch auf Innovationen bei Energieeffizienz, erneuerbare Energien und Umweltschutz. In den letzten Jahren mussten Unternehmen immer mehr Umweltgesetze in ihrem unternehmerischen Handeln berücksichtigen. Durch die Globalisierung der Lieferketten in ferne Ländern mit geringeren Umweltauflagen, versuchten nicht wenige Unternehmen gerade dies zum umgehen und gerieten dadurch immer wieder unter Druck. Selbst wenn ein Unternehmen des Greenwashings verdächtigt wird, führt das aber mittlerweile zum kommunikativen Gau. So wurde beispielsweise die Ökotex-Szene Anfang des Jahres durch die Nachricht erschüttert, dass erhebliche Mengen der als "Organic" gekennzeichneten Baumwolle genmanipuliert waren.

Der ursprünglichen Ahnungslosigkeit bei den Herstellern, ist daher inzwischen ein wirklicher Paradigmenwechsel gefolgt. Mittlerweile haben 58 Prozent der globalen Unternehmen ein Umwelt-Management implementiert und 4 700 weltweit agierende Unternehmen geben regelmäßig einen CSR-Report ab. Insbesondere Themen wie der Kohlendioxid-Ausstoß und der Wasserverbrauch spielen auf einmal eine wichtige Rolle. Durch den Aufstieg neuer Wirtschaftsmächte wie China und Indien verknappen sich die Ressourcen immer mehr und der nachhaltige Umgang mit ihnen wird unerlässlich.

Druck kommt aber auch seitens der Anleger und Nachhaltigkeit in Unternehmen beeinflusst mittlerweile auch deren Investitionsverhalten. Denn die Wirtschaftskrise traf nachhaltig wirtschaftende Unternehmen nachgewiesener Maßen nicht so schlimm wie andere. Nachhaltigkeit macht zukunftssicher. (9), (2)

Nachhaltigkeit - ein Trend, der Bestand haben wird

Dass Nachhaltigkeit durchaus im Trend liegt, mag auch die Tatsache verdeutlichen, dass sich um die Auszeichnung des deutschen Nachhaltigkeitspreises in diesem Jahr 560 Unternehmen beworben haben. Zum Vergleich, im Jahr 2009 waren es noch 40 Prozent weniger. Auch dies ein Zeichen, dass Nachhaltigkeit in Unternehmen immer mehr an Bedeutung gewinnt. Die Auszeichnung belohnt Unternehmen, Produkte und Marken, die soziale Verantwortung und Umweltschutz mit wirtschaftlichem Erfolg verbinden. Veranstalter ist eine Stiftung, in deren Kuratorium Sylvia Schenk von Transparency International und Bärbel Dieckmann von der Welthungerhilfe sitzen. (4)

Auch die Trendreportstudie "DAX-Berichte 2009" der Hamburger Agentur HGB (Hamburger Geschäftsberichte), hat die Bedeutung der Nachhaltigkeit bei DAX-Unternehmen unterstrichen. Für die Studie wurden alle Geschäftsberichte der 30 großen DAX-Unternehmen ausgewertet. Dabei zeigt sich, dass neben der Wirtschafts- und Finanzkrise, die Nachhaltigkeit auf die Firmenbilanzen einer der wichtigsten Punkte war. Außerdem bemühen sich die Unternehmen darum in ihren Berichten zu zeigen, dass sie die ökonomischen Ziele in Einklang mit ihrer Verantwortung gegenüber Kunden, Mitarbeitern, Gesellschaft und Umwelt bringen. Gerade hier kam aber auch Druck von den Aktionären, die lieber in Firmen investieren, die langfristig nachhaltig und wirtschaftlich erfolgreich handeln. (5)

Trends

Nachhaltigkeit bei Investmentfonds

Inzwischen haben auch Fondanbieter die Nachhaltigkeit entdeckt und der Bereich entwickelt sich zu einem wahren Boomsegment. Gerade in Europa verzeichnet er in den letzten Jahren ein starkes Wachstum. Nach Expertenschätzungen werden inzwischen weltweit bis zu sieben Billionen Euro in nachhaltigen Investments verwaltet. Allein im deutschsprachigen Raum stieg bis Ende 2009 nach der Erholung der Aktienmärkte das verwaltete Vermögen nachhaltiger Publikumsfonds auf rund 31 Milliarden Euro an, was bereits etwa zwei bis drei Prozent des gesamten Investmentfondsmarkts im deutschsprachigen Raum entspricht. Und es wird erwartet, dass das Angebot zur nachhaltigen Geldanlage in Zukunft noch weiter wachsen wird. Auch wenn kein noch so ehrgeizig nachhaltiges Investmenthaus letztlich vor Etikettenschwindel sicher ist, was die Tatsache verdeutlichen mag, dass der britische Ölmulti BP noch Wochen nach der Explosion seiner Bohrinsel in vielen der Investmentfonds vertreten war. (10)

Fallbeispiele

Nestlé veröffentlicht "Nescafé-Plan"

Kürzlich hat der Nahrungsmittelkonzern Nestlé seinen 350 Millionen Franken teuren "Nescafé-Plan" vorgestellt. Nach dem 2009 ins Leben gerufenen "Kakao-Plan", möchte Nestlé mit dem "Nescafé-Plan" auch im Kaffee-Geschäft nachhaltig wirtschaften. Der Plan beinhaltet folgende Maßnahmen: das Unternehmen verpflichtet sich bis zum Jahr 2015 die jährliche Menge direkt eingekauften Kaffees auf 180 000 Tonnen zu verdoppeln. So sollen 170 000 Bauern von höheren Preisen profitieren. Zusätzlich sollen jährlich 10 000 von ihnen weitergebildet werden. Zu den Neuerungen gehört auch die Verteilung von 220 Millionen besonders resistenten Stauden, die hochwertige Bohnen liefern. Außerdem soll bis zum Jahr 2020 in den Nescafé-Fabriken der Verbrauch von Energie um 20 Prozent und von Wasser um 30 Prozent pro Tonne reduziert werden.
Nescafé erreicht einen Jahresumsatz von 10 Milliarden Franken und ist mit einem Anteil von 22 Prozent bei abgepacktem Kaffee Marktführer. (6)

Steigenberger Hotel setzt auf Umweltfreundlichkeit

Das Steigenberger Hotel in Berlin wird Dank mehrerer Maßnahmen immer umweltfreundlicher. Das Hotel erhofft sich davon eine Kostenersparnis und einen Wettbewerbsvorteil gegenüber der Konkurrenz. Bereits bei der Renovierung wurde auf emissionsarme Baumaterialien geachtet. Die Teppiche sind aus Wolle ohne Kunstfaser, Sitzschalen und Armlehnen der Konferenzstühle bestehen selbstverständlich aus Holz. Auch die Küche wurde entsprechend renoviert. Seit 2008 gibt es ein Biosiegel bei Speisen und Getränken. Verwendete Produkte stammen aus lokalen oder regionalen Beständen. Seit Juli 2010 ist zudem die CO2-Energiebilanz des Steigenberger Hotels neutral. Dazu beigetragen hat die sorgfältige Mülltrennung von 16 verschiedenen Sorten Müll. Die Recyclingquote des Hotels liegt bei 96 Prozent. Zusätzlich wurden in diesem Jahr alle Leuchtmittel auf LED-Technik umgestellt. (7)

REWE setzt auf Nachhaltigkeit

Auch die Supermarktkette REWE kann sich dem Trend nicht entziehen. Der neu eröffnete Einkaufsmarkt in Mainz ist ein neues Pilotmodell für

Nachhaltigkeit. Weitere sollen folgen. REWE setzt auf Expansion, nicht ohne auf Nachhaltigkeit zu verzichten. Am 18. März hat bereits ein so genannter Rewe City Markt eröffnet, der auf einer Verkaufsfläche von knapp 800 Quadratmetern ein Sortiment von rund 10 000 Artikeln anbietet. (8)

Nachhaltige Investmentfonds liegen im Trend

Bereits seit längerem beschäftigt sich die Schweizer SAM Sustainable Asset Management AG (SAM) mit diesem Thema. Ein Produkt aus diesem Haus ist zum Beispiel der SAM Sustainable Healthy Living. Der Fonds investiert weltweit in Unternehmen, die Produkte oder Dienstleistungen aus den Bereichen Ernährung, Gesundheit sowie körperliches und psychisches Wohlergehen anbieten.
Invesco bietet zudem mit dem "Umwelt-und Nachhaltigkeits-Fonds" einen Fonds an, der in Unternehmen investiert, die durch "die Entwicklung, Herstellung oder den Vertrieb von Produkten oder Dienstleistungen im Umwelttechnologiebereich Beiträge zum Umweltschutz leisten und/oder durch die Einhaltung der Nachhaltigkeitskriterien ihren Beitrag zum Umweltschutz erbringen". (3)

Seit Jahren zu den besten und strengsten Fonds

seiner Klasse gehört der Green Effects NAI-Wertefonds. Hier wird ausschließlich in Werte des Naturaktienindex (NAI) investiert. (10)

Weiterführende Literatur

(1) Nachhaltigkeit in der Unternehmenspraxis
aus CHEManager 15-16/2010

(2) Megatrend Nachhaltigkeit
aus CHEManager 15-16/2010

(3) Nachhaltigkeit als Fondsschlagwort
Sammelbegriff für Umwelt- oder Ethikprodukte
aus Börsen-Zeitung, 23.07.2010, Nummer 139, Seite 2

(4) Nachhaltigkeit im Trend
aus Frankfurter Allgemeine Zeitung, 11.06.2010, Nr. 132, S. 20

(5) Unternehmen achten stärker auf Nachhaltigkeit
aus Hamburger Abendblatt, 05.06.2010, Nr. 128, S. 32

(6) Für mehr Nachhaltigkeit im Kaffee-Geschäft
aus Neue Zürcher Zeitung 30.08.2010, Nr. 200, S. 17

(7) Punkten mit Nachhaltigkeit
aus Allgemeine Hotel- und Gastronomie-Zeitung Nr. 32 vom 07.08.2010 Seite 007

(8) Pilotprojekt am Start - REWE Markt in Oberstadt setzt auf Nachhaltigkeit

aus Allgemeine Zeitung vom 28.07.2010

(9) Werttreiber Nachhaltigkeit
aus Absatzwirtschaft Ausgabe Marken vom 10.03.2010
Seite 034

(10) Nachhaltig umstritten
aus Euro am Sonntag, 31.07.2010, Nr. 31, S. 18-21

Impressum

Nachhaltigkeit in Unternehmen - es geht nicht mehr ohne

Bibliografische Information der deutschen Nationalbibliothek

Die Deutsche Nationalbibliothek verzeichnet diese Publikation in der deutschen Nationalbibliografie; detaillierte bibliografische Daten sind im Internet über http://dnb.d-nb.de abrufbar.

ISBN: 978-3-7379-1267-9

© 2015 GBI-Genios Deutsche Wirtschaftsdatenbank GmbH, Freischützstraße 96, 81927 München, www.genios.de

Alle Rechte vorbehalten. Dieses Werk ist einschließlich aller seiner Teile – z.B. Texte, Tabellen und Grafiken - urheberrechtlich geschützt. Jede Verwertung außerhalb der Grenzen des Urheberrechtsgesetzes bedarf der vorherigen Zustimmung des Verlags. Dies gilt insbesondere auch für auszugsweise Nachdrucke, fotomechanische Vervielfältigungen (Fotokopie/Mikroskopie), Übersetzungen, Auswertungen durch Datenbanken oder ähnliche Einrichtungen und die Einspeicherung und Verarbeitung in elektronischen Systemen.